PAGE 1

PAGE 2

PAGE 31

PAGE 43

PAGE 45

PAGE 48

PAGE 54

PAGE 55

PAGE 56

PAGE 87

PAGE 93

PAGE 99

PAGE 108

PAGE 138

PAGE 151

PAGE 154

PAGE 173

PAGE 178

PAGE 188

PAGE 211

PAGE 212

PAGE 225

PAGE 255

PAGE 256

PAGE 279

PAGE 302

PAGE 306

PAGE 313

PAGE 333

PAGE 355

PAGE 356

PAGE 358

PAGE 404

PAGE 420

PAGE 438

PAGE 451

PAGE 475

PAGE 489

PAGE 492

PAGE 493

Made in United States
Orlando, FL
20 March 2025